AF356840

CATALOGUE

DE

BEAUX MEUBLES

ANCIENS ET MODERNES

Meubles Renaissance, Louis XIII, Louis XIV, Louis XV
et Louis XVI
Armoire en laque de Coromandel
Ameublement de chambre à coucher
Beaux Sièges recouverts en soieries, velours, broderies
et étoffes anciennes

BELLES TAPISSERIES ANCIENNES

BEAUX RIDEAUX EN LAMPAS ET ÉTOFFE ANCIENNE

BRONZES D'ART ET D'AMEUBLEMENT

ÉMAUX CLOISONNÉS

STATUETTES ET BUSTES EN MARBRE

Par Carrier-Belleuse, Bienaimé, Tadolini

TABLEAUX ANCIENS ET MODERNES

VIOLON ET VIOLONCELLE

Deux Armures modernes, Faïences, Porcelaines, etc.

2 Coupés, de BINDER et ROTHSCHILD

DONT LA VENTE AURA LIEU

PAR SUITE DE DÉPART

HOTEL DROUOT, SALLE N° 9

Le Mercredi 11 Mai 1887

A DEUX HEURES

Mᵉ ESCRIBE	M. A. BLOCHE
COMMISSAIRE-PRISEUR	EXPERT
rue de Hanovre, nᵒ 6	rue Chauchat, nᵒ 23

CHEZ LESQUELS SE DISTRIBUE LE CATALOGUE.

EXPOSITION PUBLIQUE

Le Mardi 10 Mai, de 1 heure 1/2 à 5 heures 1/2

PARIS — 1887

Vve RENOU ET MAULDE

IMPRIMEURS DE LA COMPAGNIE DES COMMISSAIRES-PRISEURS

Rue de Rivoli, 144

CATALOGUE

DE

BEAUX MEUBLES

ANCIENS ET MODERNES

Meubles Renaissance, Louis XIII, Louis XIV, Louis XV
et Louis XVI
Armoire en laque de Coromandel
Ameublement de chambre à coucher
Beaux Sièges recouverts en soieries, velours, broderies
et étoffes anciennes

BELLES TAPISSERIES ANCIENNES

BEAUX RIDEAUX EN LAMPAS ET ÉTOFFE ANCIENNE

BRONZES D'ART ET D'AMEUBLEMENT

ÉMAUX CLOISONNÉS

STATUETTES ET BUSTES EN MARBRE

Par Carrier-Belleuse, Bienaimé, Tadolini

TABLEAUX ANCIENS ET MODERNES

VIOLON ET VIOLONCELLE

Deux Armures modernes, Faïences, Porcelaines, etc.

2 Coupés, de BINDER et ROTHSCHILD

DONT LA VENTE AURA LIEU

PAR SUITE DE DÉPART

HOTEL DROUOT, SALLE N° 9

Le Mercredi 11 Mai 1887

A DEUX HEURES

M° ESCRIBE	M. A. BLOCHE
COMMISSAIRE-PRISEUR	EXPERT
rue de Hanovre, n° 6	rue Chauchat, n° 23

CHEZ LESQUELS SE DISTRIBUE LE CATALOGUE.

EXPOSITION PUBLIQUE

Le Mardi 10 Mai, de 1 heure 1/2 à 5 heures 1/2

PARIS — 1887

CONDITIONS DE LA VENTE

—

Elle sera faite au comptant.

Les Acquéreurs paieront, en sus des adjudica-tions, CINQ CENTIMES PAR FRANC applicables aux frais de vente.

Aucune réclamation ne sera admise une fois l'adjudication prononcée.

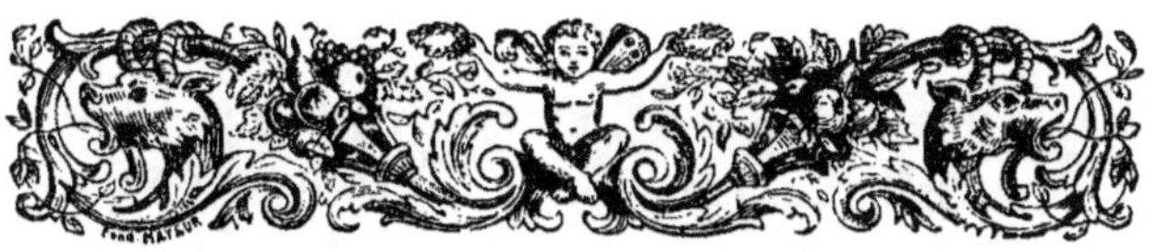

DÉSIGNATION

MEUBLES ET SIÈGES

1 — Ancien Bahut italien orné de verres églo-
misés, socle en bois sculpté, à guirlandes
de fruits et fleurs supportées par deux
nègres.

2 — Pendule avec cadran transparent peint à la
gouache.

3 — Socle en ébène et cuivre, dessus de marbre
noir.

4 — Console du temps de Louis XIV, en bois
sculpté et doré, à dessus de marbre.

5 — Glace Louis XIII, fronton en bois sculpté
et doré.

6 — Petite Console du temps de Louis XIII en
bois sculpté et doré, dessus en velours
rouge.

6 *bis* — Deux belles Consoles en bois sculpté et
doré, style Louis XVI, à dessus de marbre
blanc.

7 — Bahut-Vitrine de travail italien, en ébène
et ivoire, intérieur et socle recouverts en
peluche rouge.

8 — Jardinière-Applique en bois doré et pâte,
intérieur en zinc.

9 — Bibliothèque - Chiffonnier, à tiroirs, en
chêne.

10 — Armoire à glace en palissandre.

11 — Meuble d'appui en marqueterie de Boule,
dessus de marbre.

12 — Table à ouvrage en marqueterie de Boule.

13 — Rouet du temps de Louis XVI en marqueterie.

14 — Grande Table à manger, style Henri II,
en noyer.

15-18 — Quatre belles Armoires en noyer sculpté,
époque Louis XV.

19-20 — Deux paires de Portes d'armoires, de la
même époque.

21 — Un lot de Panneaux en bois sculpté.

22 — Grand Meuble en laque rouge, à deux
vantaux en laque de Coromandel.

23 — Secrétaire Louis XVI, avec ornements en
bronze.

24 — Table ancienne en marqueterie.

25 — Table trictrac en marqueterie.

26 — Boîte plate en marqueterie d'ivoire.

27 — Deux Colonnes en bois sculpté peint en
noir et doré, style Louis XVI.

28 — Colonne en bois noir, à canaux de cuivre,
tablette en marbre.

29 — Deux Colonnes en bois noir, cannelées.

30 — Ameublement de chambre à coucher en
marqueterie de bois.

31 — Un Canapé et deux Fauteuils en lampas gris ardoise, têtières en étoffe de soie ancienne doublée, franges en soie.

32 — Deux grands Fauteuils en bois sculpté et doré, recouverts de velours rouge ancien et broderies anciennes.

33 — Fauteuil en bois doré, recouvert en étoffe frappée soie et velours.

34 — Fumeuse en peluche gris ardoise, avec bande en étoffe ancienne, franges en soie.

35 — Pouf, deux Coussins dont un recouvert de broderies anciennes.

36 — Chaises en maroquin.

37 — Fauteuil ancien en noyer sculpté.

38 — Deux anciennes petites Chaises-Escabeaux en chêne.

39 — Deux Chaises en chêne sculpté, couvertes en cuir gaufré, clous en cuivre.

40 — Six anciens Fauteuils, dits caqueteuse, en noyer sculpté.

41 — Deux grandes Chaises couvertes en applications.

42 — Douze Chaises de salle à manger en chêne, couvertes en velours frappé vieux vert.

TAPISSERIES, RIDEAUX, CUIRS

43 — Dessus de cheminée et Manteau en étoffe ancienne et peluche vieil or.

44 — Deux paires de Rideaux en lampas de soie gris ardoise, avec riches broderies anciennes; Baldaquins et Bonne-Grâces en mêmes broderies, Embrasses tout soie.

45 — Paire de Portières en tapisserie à personnages, avec Baldaquin orné de franges. H. 2^m60. L. 1^m95.

46 — Grand Baldaquin en tapisserie, orné de franges. L. 4^m.

47 — Grande Tapisserie Louis XIV à personnages, avec bordure, doublée. H. 2^m3o.
L. 4^m4o.

48 — Grande Portière en tapisserie à personnages, avec bordure, doublée. H. 3^m52.
L. 2^mo6.

49 — Pente en tapisserie, doublée. H. 3^m52.
L. o^m55.

5o — Paire de Portières en tapisserie verdure,
avec bordure, doublées. H. 2^m35. L. 2^mo5.

51 — Encadrement de fenêtre en tapissserie.
H. 3^m4o. Larg. 1^m2o.

52-53 — Quatre Portes avec Panneaux en cuir
peint à figures.

54 — Lot de morceaux de Cuirs gaufrés, dorés et
peints.

55-56 — Deux Tapissseries Renaissance.

BRONZES, FERS, ÉMAUX CLOISONNÉS

57 — Groupe d'après Clodion : Faune et Fau-
nesse.

58 — Garniture de foyer en bronze doré : Che-
nets, Pelle et Pincettes.

59 — Quatre Appliques à 4 et 6 branches, en
bronze doré, style rocaille, modèle à
Amours.

60 — Lustre en fer forgé.

61 — Pendule en marbre noir, avec groupe de
deux Guerriers gaulois en bronze.

62 — Grand Vase en bronze décoré de deux mé-
daillons : Jeux d'enfants et de quatre
têtes de Chimères.

63 — Deux Groupes en bronze : les Chevaux de
Marly.

64 — Deux Statuettes en bronze dans le genre de
Marin : Jeune Fille portant un Amour et
tenant un plat de fruits; Jeune Fille tenant un vase et une corbeille de fleurs.

65 — Vase en onyx, bronze doré et émail cloisonné, de Barbedienne.

66 — Encrier en bronze doré et émail cloisonné, de Barbedienne.

67 — Groupe en bronze : Ours étouffant un gladiateur, de Fremiet.

68 — Cartel Louis XVI en bronze.

SCULPTURES

69 — **Carrier-Belleuse.** Statuette en marbre : la jeune Fille au serpent.

70 — **Carrier-Belleuse.** Buste en marbre : Jeune Fille.

71 — Grande Statuette en marbre : Femme fuyant; socle recouvert en velours rouge.

72 — Buste en marbre : Jeune Italienne.

73 — **Tadolini.** Statuette en marbre : Esclave.

74 — **Bienaimé**. Statuette en marbre : Bacchante couchée ; socle en velours.

74 *bis* — **Clodion** (D'après). Statuette en marbre : Bacchante.

75 — **Graillon**. Groupe en terre cuite : Enfants à la balançoire.

— Statuette en simili-bois avec fût recouvert en peluche rouge.

77 — Deux Chiens en serpentine.

—

TABLEAUX

78 — **École flamande**. Les Joueurs de boules.

79 — **École flamande**. Saint Jean dans le désert.

80 — **Ecole flamande**. Sainte Famille.

81 — **Tschaggeny**. Convoi de troupes.

82 — **Ecole française**. Portrait de femme.

83 — **Divers Tableaux non catalogués**.

INSTRUMENTS DE MUSIQUE

84 — Violoncelle signé Ambroise Comble (élève
de Stradivarius), 1769.

85 — Violon du même artiste, non signé.

—

ARMURES

86-87 — Deux Hommes d'armes et leurs socles
(armures complètes de chez Leblanc et
Grangé).

—

FAIENCES, PORCELAINES, VITRAUX

88 — Deux Coupes en porcelaine du Japon, mon-
tées en bronze doré.

89 — Deux Groupes en porcelaine de Saxe.

90 — Deux Vases forme Médicis en terre émaillée et dorée.

91 — Fenêtre et Vitraux de couleurs, à châssis mobiles.

92 — Deux grandes Potiches en Delft et leurs socles.

93 — Deux Lampes en porcelaine céladon à fleurs, montures en bronze.

94 — Vase en porcelaine de Chine, décor à figures, monture en bronze.

95 — Paire de Vases à couvercles en porcelaine de Saxe, décorés de fleurs, avec guirlandes de fruits en relief.

96 — Compotier en porcelaine, monté en bronze.

97 — Trois Groupes et deux Statuettes en Saxe moderne.

98 — Groupe en biscuit.

OBJETS DIVERS

99 — Appareil de photographie (12 sur 12) de Darlot, avec ses accessoires.

100 — Objets divers non catalogués.

—

VOITURES

101 — Coupé de Binder, peint en vert réchampi blanc, garni en cuir et drap verts.

102 — Coupé de Rothschild, peint en noir réchampi jaune, garni en drap marron.

Vve Renou et Maulde, imprimeurs de la Cie des Commissaires-Priseurs,
rue de Rivoli, 144.   400—78257